Género Narrativa de no ficción

Pregunta esencial

¿Cómo la gente ayuda a su comunidad?

Madhula Chopra

I0806502

LECTURA COMPLEMENTARIA

¿Adónde se mudan?

La familia Sánchez emprende la mudanza a la ciudad. Los vecinos los ayudaron a cargar sus cosas en el carro.

La familia Sánchez se muda del campo a la ciudad.

La familia atraviesa el campo. Pasan por pueblos apartados. Pronto divisan edificios altos. ¡Ya están por llegar!

La familia Sánchez usa el mapa que le dieron sus amigos.

AHORA COMPRUEBA

¿Cómo ayudaron los vecinos en la mudanza de la familia Sánchez?

¿Quién ayuda en las ciudades?

En la ciudad, muchos edificios tienen un portero que recibe a las personas.

Muchas personas viven en ciudades. Algunas viven en edificios de apartamentos. Los administradores están a cargo del edificio. Ayudan a quienes viven allí.

Las calles de la ciudad están llenas de carros, autobuses y taxis.

La gente suele caminar de un lugar a otro en la ciudad. También toman metros, autobuses y taxis. Hay muchos modos de viajar dentro de la ciudad.

Algunas comunidades les dan la bienvenida a los nuevos vecinos.

La señora Pavi se mudó. Quiere comprar comida. También desea pedir prestado un libro de la biblioteca. Una vecina le dice dónde ir.

AHORA COMPRUEBA

¿Cómo viaja la gente dentro de la ciudad?

Los agentes usan chalecos brillantes para que los conductores los vean.

Los niños deben caminar a la escuela de manera segura. Los agentes de tránsito los ayudan. Los empleados del metro ayudan a la gente. Explican los mejores recorridos.

¿Cómo nos divertimos en la ciudad?

En la ciudad, los niños juegan al aire libre en parques con juegos.

La familia Trent se mudó a la ciudad la semana pasada. Billy Trent tiene un amigo nuevo. Su amigo lo lleva a un parque con juegos.

Hay muchas cosas divertidas para las familias en la ciudad. Pueden visitar parques.

Practicar deportes es una buena forma de conocer gente nueva en la ciudad.

La gente puede visitar museos. Verán muestras o exposiciones interesantes.

En las ciudades, las personas pueden ir a los museos para aprender sobre dinosaurios.

Detective del lenguaje	Trent lleva mayúscula. ¿Puedes hallar otra palabra con mayúscula en la página 8?

Esta fiesta en la calle recauda fondos para un programa de vigilancia vecinal.

En las fiestas en la calle, los vecinos pasan tiempo juntos. Recaudan dinero para ayudar al vecindario.

AHORA COMPRUEBA

¿Qué puede hacer la gente para divertirse en la ciudad?

¿Cómo retribuye la gente?

La familia Chan quiere retribuir a su ciudad.

La señora Chan corre carreras. Recauda dinero para ayudar a la gente.

Algunas carreras recorren muchas millas.

Detective del lenguaje	Correr es un verbo. ¿Puedes hallarlo en presente en esta página?

En los jardines comunitarios se puede cultivar flores o alimentos.

El señor Chan colabora gratis en los jardines del parque.

¡Los niños de la familia Chan tienen una gran idea! Ayudarán a la gente en la biblioteca.

Conozcamos a la familia Smith.
Se mudaron hoy a la ciudad.

¿Quién ayudará a esta familia? ¿Qué podrá hacer la gente para ayudarlos?

Los vecinos pueden ayudar a la familia Smith a llevar las cajas a su nuevo apartamento.

Respuesta a la lectura

Resumir

Usa detalles como ayuda para resumir *Comunidades urbanas.*

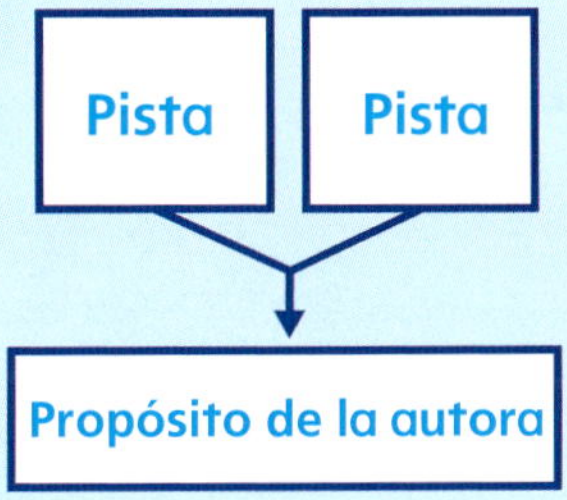

Evidencia en el texto

1. ¿Cómo sabes que este texto es narrativa de no ficción? **Género**
2. ¿Por qué escribió este texto su autora? **Propósito de la autora**
3. ¿Qué sinónimo de *exposiciones* hallas en la página 10? **Sinónimos**
4. ¿Cuál es el propósito de la autora en la página 6? **Escribir sobre la lectura**

Género Cuento folclórico

Compara los textos

Lee para descubrir cómo se llevan los animales en este cuento folclórico.

Anansi mágica

Adaptación del cuento folclórico de Anansi

La Araña Anansi, Cabra y sus hijos, y Leopardo se llevan bien. Viven juntos en casa de Leopardo. Un día, Leopardo gruñe:

—¡Váyanse! ¡Ensucian mi casa!

Leopardo los persigue por distintas aldeas. Llegan a un río. Es demasiado ancho para cruzarlo. Anansi tiene la solución. Convierte a las cabras en piedras. Las lanza al otro lado del río. Luego, teje un hilo para columpiarse y llegar a la otra orilla. ¡Ahora están lejos de Leopardo!

Pero Leopardo se siente solo. Busca a sus amigos. Insiste para que vuelvan a su casa. Hacen una promesa. Mantendrán la casa limpia. Ahora viven felices todos juntos.

Haz conexiones

¿Cómo se ayuda la gente en las ciudades? **Pregunta esencial**

¿En qué se parecen estos animales a la gente? **El texto y otros textos**

Enfoque:

Estudios Sociales

Propósito Averiguar cómo la gente ayuda en su comunidad

Paso a paso

Paso 1 Pregunta a tus amigos cómo la gente ayuda en sus comunidades.

Paso 2 Anota la información en una tabla como esta.

Personas	Cómo ayudan

Paso 3 Haz un dibujo que muestre cómo se ayuda la gente. Comenta lo que aprendiste.